# RECUEIL
## D'ESCALIERS
### EN PIERRE,
### CHARPENTE, MENUISERIE ET FONTE,
#### A L'USAGE
### DES OUVRIERS EN BATIMENS.

**PAR THIERRY.**

GRAVÉ PAR GUIGUET.

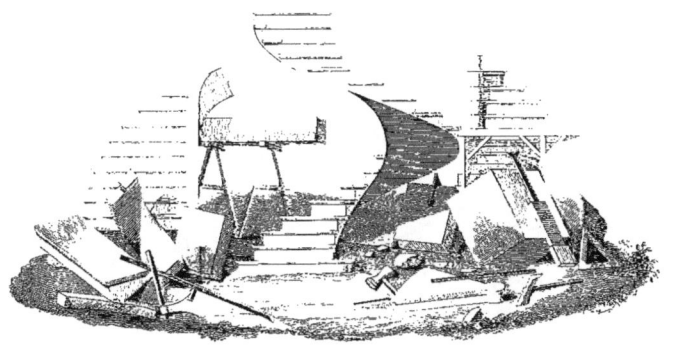

A PARIS,
Chez M<sup>me</sup> V<sup>e</sup> JEAN, Editeur,
Rue de Beauvais, N° 10.
1858.

# RECUEIL
# D'ESCALIERS

EN

## PIERRE, CHARPENTE, MENUISERIE

ET EN FONTE,

A L'USAGE

DES OUVRIERS EN BATIMENTS,

DESSINÉ

**PAR THIERRY,**

ET GRAVÉ PAR GUIGUET.

*PARIS.*

CHEZ M<sup>me</sup> V<sup>ve</sup> JEAN, ÉDITEUR, MARCHANDE D'ESTAMPES,

RUE DE BEAUVAIS, N° 10.

**1840.**

# DES ESCALIERS.

Les escaliers sont un composé de marches pour servir de communication aux différents étages d'un bâtiment. Ils peuvent se faire de plusieurs manières différentes, soit en pierre, en charpente, en fonte et menuiserie; ces divers modes d'exécution sont subordonnés aux lieux qu'ils doivent desservir, selon leur plus ou moins d'importance.

Dans les monuments de premier ordre, ils sont toujours en pierre dans toute leur étendue; dans ceux de second ordre, ils peuvent être en pierre jusqu'au premier, et en charpente pour les étages supérieurs; l'on peut également les faire en fonte, particulièrement dans les théâtres, où les incendies sont si fréquents; de plus ils sont susceptibles de recevoir une belle décoration. Dans les habitations particulières, ils sont entièrement en charpente, à l'exception des deux premières marches que l'on fait souvent en pierre pour préserver les bois de l'humidité, qui pourrait les altérer s'ils reposaient immédiatement sur le sol du rez-de-chaussée. Ces marches s'appellent jumelles, parce qu'elles sont prises dans un seul morceau de pierre. Mais les escaliers dérobés, les escaliers de magasins, de cafés, etc., etc., ceux qui demandent le plus de légèreté, d'élégance, et le moins d'emplacement possible, se font en menuiserie.

Il y a deux manières de construire les escaliers, l'une à marches parallèles, l'autre à marches tournantes ou dansantes.

Dans les grands escaliers en pierre, on évite les marches tournantes comme d'un effet disgracieux; on les construit à rampe droite et à repos entre deux murs, ou à jour. Dans le premier cas, les marches sont scellées à leurs extrémités dans des murs droits; le dessous peut être apparent; mais lorsqu'elles sont d'une trop grande dimension pour être d'une seule pièce, c'est-à-dire, lorsqu'elles excèdent 4 ou 5 pieds, elles reposent sur des massifs ou extrados. Dans ce second cas, les marches reposent sur des voussures rampantes, et des trompes dans les angles, ou bien sur des parties de voûtes en arc de cloître; ces escaliers présentent un aspect de grandeur et de solidité qui convient aux édifices dont les rez-de-chaussée sont élevés.

Les escaliers en pierre peuvent être avec ou sans limons; les marches doivent se soutenir par leur seule coupe, et former en dessous une surface rampante et plate, terminée par une entaille ou crossette, de manière que chaque entaille pratiquée sur le devant d'une marche s'ajuste avec la coupe formée sur le derrière de l'autre, tel que le représente la lettre M, planche I. Les marches étant scellées d'un côté dans le mur d'échiffre, et maintenues par les coupes et recouvrements, forment un ensemble qui se soutient très bien sans limon. Dans ce cas, les marches sont profilées comme il est indiqué, lettre M, même planche. Lorsqu'on y ajoute des limons, ils augmentent la solidité de l'escalier en maintenant les marches à leur extrémité, de manière qu'elles ne peuvent sortir de leur coupe.

On appelle murs d'échiffres, ceux qui enveloppent l'escalier, et dans lesquels sont scellés les abouts des marches. L'espace compris entre eux se nomme cage, et le vide qui existe au milieu s'appelle jour.

La largeur du dessus de la marche, la partie où l'on pose le pied, se nomme giron; celle verticale, contre-marche, et la totalité de la marche comprise entre limons, s'appelle emmarchement.

Les marches ne peuvent avoir plus de 6 pouces de hauteur, et 12 pouces de giron. Lorsqu'on augmente la hauteur, il est nécessaire de diminuer d'autant le giron; ces deux dimensions additionnées ensemble doivent, autant que possible, donner 18 pouces. Dans les escaliers où les marches n'ont que 4 et 5 pouces, le giron augmente d'autant que la hauteur diminue. La hauteur la plus commode, celle qu'on donne généralement, est de 6 pouces; elle suffit pour monter et descendre facilement.

L'étude d'un escalier présente plusieurs difficultés; les principales consistent dans la distribution des marches en plan, relativement aux points de départ et d'arrivée, surtout pour les escaliers de dégagement, dont l'emplacement est souvent très borné. Mais quel que soit le plan de l'escalier, il faut toujours faire la division des marches sur une ligne passant par le milieu des rampes. S'il y a des marches tournantes, la division se fait sur un arc de cercle se raccordant avec la ligne du milieu des parties droites.

La division des marches étant faite en plan, reste à faire celle des marches en élévation. Cette opération n'est pas sans difficulté par la rigoureuse exactitude qu'elle demande, car la plus petite erreur de calcul, se répétant à chaque marche, produirait dans la hauteur d'un étage une grande différence. Nous ne saurions donc recommander une trop grande exactitude dans l'exécution de ce travail. Aussi l'appareilleur doit-il toujours faire son épure grandeur d'exécution, avec la coupe sur laquelle il trace les projections qui lui servent à établir les panneaux qu'il donne au tailleur de pierres ou au charpentier, selon la nature de l'escalier.

Si l'escalier est en pierre, on pose les marches bien de niveau sur la longueur, sans aucune cale, en ayant soin de leur donner une pente d'une ligne environ dans le sens du giron.

On appelle rampe ou volée d'escalier une suite non interrompue de marches comprises du point de départ au palier d'arrivée. Les escaliers peuvent se composer d'une ou plusieurs montées, et chaque montée peut avoir plusieurs rampes. Lorsqu'il est composé de plusieurs rampes, il est nécessaire de diminuer en montant le nombre de marches d'une rampe à l'autre, afin de trouver plus souvent des paliers de repos.

La planche 4 donne les plans de plusieurs escaliers de diverses grandeurs. Les plus beaux sont ceux à trois rampes, *fig.* 1, 2 et 3. Ces escaliers ne montent pas ordinairement plus haut que le premier étage.

## DES ESCALIERS EN CHARPENTE.

Les escaliers en charpente se construisent, comme ceux en pierre, de marches soutenues par des limons ou par des noyaux, et quelquefois par leur propre coupe et assemblage; alors elles se profilent par le bout.

Les marches peuvent être pleines et non pleines; lorsqu'elles sont pleines, elles se composent d'un seul morceau de bois taillé comme pour les marches en pierre, tel qu'il est dit ci-dessus. Dans l'autre cas, elles se composent de deux planches, l'une verticale et l'autre horizontale, et sont assemblées à rainures et languettes. Fig. 4, planche X.

Les marches sont, d'un côté, scellées dans le mur, et de l'autre entaillées dans une pièce de bois rampante, nommée limon ou quartier, ou bien dans un massif, soit en bois ou en pierre, qu'on appelle noyau.

Les limons se composent d'une pièce de bois placée sur champ, à laquelle on donne 12 à 13 pouces de hauteur sur 3 d'épaisseur; ils sont toujours placés parallèlement avec le mur d'échiffre. Ils peuvent être apparents ou à crémaillères. Les limons sont formés de plusieurs pièces et s'assemblent par tenons et mortaises, et quelquefois à traits de Jupiter et boulonnés. Dans les limons apparents, les marches viennent s'encastrer dans la paroi ou face intérieure; le dessus reste apparent, fig. 5, planche X, tandis que dans les limons à crémaillères, les marches se profilent au pourtour, c'est-à-dire que le giron de chaque marche recouvre chaque partie horizontale de la crémaillère, fig. 4, planche XI. Dans le premier cas, les marches peuvent être pleines ou non pleines, mais dans le second elles sont toujours assemblées. Les marches pleines sont toujours préférables, quoique plus coûteuses; elles procurent une plus grande solidité et sont moins sujettes à se gauchir que les autres. Dans les marches non pleines, le giron doit toujours être d'une seule pièce, et ne peut avoir moins de 15 à 18 lignes d'épaisseur.

## DES LIMONS DROITS ET COURBES.

Les limons droits ne présentent aucune difficulté dans leur exécution: il ne suffit que de tracer sur leur surface intérieure le profil des marches pour y creuser les entailles qui doivent les recevoir. Il n'en est pas de même pour les limons courbes, dont l'épure demande un certain travail. Ces limons doivent être considérés comme des parties de cylindres creux coupés obliquement, dont la base est indiquée par la projection en plan. La fig. 2, planche X, indique le tracé des courbes rallongées d'un limon dont la projection en plan est un cercle.

Pour trouver la largeur et l'inclinaison de la bande dans laquelle doit être pris ce limon, il faut commencer par faire le plan sur lequel on indique la largeur des marches et du limon, fig. 1, et une coupe indiquant la hauteur des marches, fig. 4; puis en élevant des perpendiculaires des points 1, 2, 3, 4, etc., et menant des horizontales de chaque hauteur de marche, fig. 4; leur intersection donnera le profil des marches auprès du limon. Si vous faites passer par ces points d'intersection une ligne courbe P Q, cette ligne représentera la pente du limon. En menant des parallèles M N, R S à P. Q, vous aurez les arêtes du dessus et du dessous du limon intérieur. Pour l'extérieur du limon, il suffit de prolonger en plan les lignes 1, 2, 3, 4, etc., jusqu'à la face extérieure du limon, et d'élever perpendiculairement ces mêmes lignes jusqu'à la rencontre des horizontales tirées des points qui ont donné les arêtes du dessus et du dessous du limon intérieur. En faisant passer par leur intersection des lignes courbes, vous aurez les arêtes extérieures du limon.

Pour avoir le calibre fig. 3, il faut élever des perpendiculaires à la ligne K L, parallèle à la pente du limon de tous les points de rencontre des verticales 1, 2, 3, 4, etc., élevées du plan, et porter sur ces lignes la grandeur des ordonnées correspondantes, tracées sur le plan. En faisant passer par ces points donnés des courbes rallongées, ces courbes formeront les arêtes intérieures et extérieures du calibre. Avec ce calibre, on tracera les pièces de bois qui doivent servir à former le limon, en enlevant tout le bois en dehors du tracé. Les faces courbes étant ainsi faites, on indiquera sur celle intérieure le profil des marches pour faire les entailles qui doivent les recevoir.

## DES MARCHES TOURNANTES OU DANSANTES.

On appelle marches tournantes ou dansantes celles qui tiennent aux limons tournants. Dans les anciens escaliers, ces marches tendaient toutes au même centre, celui du quartier tournant. Cette construction était vicieuse en ce qu'il ne restait presque plus de giron au collet, et devenait souvent dangereuse. Pour remédier autant que possible à cet inconvénient, on a imaginé les escaliers à noyau évidé, à jour et à quartier tournant ou limons continus, tels que les représentent les planches V et VI. Dans ces escaliers, les marches parallèles les plus proches des quartiers tournants varient de largeur au profit des marches tournantes, suivant une progression qui augmente ou diminue selon qu'on s'éloigne ou se rapproche des limons droits. Ce mouvement des marches se nomme *balancement*. Il a pour but de donner une largeur à peu près égale à toutes les marches, afin d'éviter le jarret ou pli qui se forme à la rencontre des lignes qui passent par les arêtes de ces marches lorsqu'elles changent subitement de largeur.

Pour obtenir le balancement des marches, il suffit de développer les deux limons droit et courbe A B, B C, fig. 2, pl. IX, qui répondent aux petites et aux grandes largeurs de marches; la hauteur étant la même pour toutes, il en résultera deux lignes de rampes différentes qui formeront un angle B en leur rencontre. Sur ces droites A B, B C, si l'on élève des lignes perpendiculaires indéfinies E D, F D, on aura en leur rencontre D, le point de centre de l'arc de cercle, qui doit former le raccordement des deux lignes de rampes. Prolongeant ensuite les lignes des hauteurs de marches jusqu'à la rencontre de la courbe, leur intersection donnera les points $a$, $b$, $c$, $d$, $e$, $f$, qui indiqueront la largeur progressive du collet des marches contre les limons droits et courbes, en reportant toutes ces divisions dans le même ordre sur le plan, et faisant passer des droites par ces points et ceux déjà indiqués sur la ligne de milieu L M N, et parallèle aux limons, on aura la direction des marches.

### DES ESCALIERS EN MENUISERIE.

Les escaliers en menuiserie sont ordinairement très petits; ils servent de dégagement à des pièces situées l'une au-dessus de l'autre, et se font après coup. Plus l'emplacement qui les renferme est petit, plus ils demandent d'attention dans leur disposition. Comme les points de départ et d'arrivée sont fixés, on est souvent obligé de les contourner afin de trouver plus d'espace pour monter et descendre librement, sans craindre de se heurter la tête contre le dessous des marches supérieures.

La construction d'un escalier devient une des parties de l'art du menuisier la plus difficile pour disposer avec élégance et commodité les rampes et les péristyles; les pièces doivent être taillées d'avance, de manière à bien s'emboîter l'une dans l'autre et à contribuer à la solidité générale.

Les marches peuvent être pleines et assemblées. Lorsqu'elles sont pleines, leur coupe et leur recouvrement se font comme celles en pierre ou en charpente; elles sont fortement réunies entre elles à leurs extrémités par des doubles boulons à vis et écrous, qui les relient successivement entre elles avec les marches du bas et celles du haut en les traversant obliquement sur la largeur, fig. 4, pl. XVI.

Souvent, pour éviter les gerçures auxquelles les bois pleins sont sujets, on recouvre la charpente d'une menuiserie légère qui cache les défauts des bois, et donne des surfaces bien unies qui ajoutent à la beauté. Ces sortes d'escaliers peuvent, par la hardiesse et l'élégance de leur construction, passer pour des objets d'ameublement.

Lorsque les marches sont assemblées, elles se composent de deux planches: celle de dessus, dont l'extrémité sur le devant est ornée d'un profil, peut avoir 15 à

18 lignes d'épaisseur; elle s'assemble dans des entailles pratiquées dans les limons, et quelquefois avec des tenons; l'autre planche formant le devant s'assemble avec celle de dessus à rainure et languette : on lui donne 10 à 12 lignes d'épaisseur, fig. 6, planche X.

Si l'on veut former un plafond, les planches qui le composeront seront assemblées entre elles et dans les limons à rainures et languettes, ou bien à recouvrement. Ce dernier moyen est préférable en ce que, les bois étant sujets à se retirer, il cache les joints qui s'ouvrent d'une manière désagréable.

Lorsque l'escalier est composé d'un noyau, les marches tournent en spirales autour du noyau, et viennent s'y assembler à tenon et mortaise, pl. XI.

Les pl. XI, XII, XIII, XIV donnent le minimum de grandeur des espaces dans lesquels il est possible d'établir des escaliers circulaires.

## DES ESCALIERS EN FONTE.

Nous avons joint à ce recueil quelques escaliers en fonte; quoique ce genre d'escaliers soit peu répandu, il n'est pas sans avantage. Ils peuvent s'employer comme escaliers de dégagement dans le plus petit espace possible, et comme grands escaliers dans des dimensions semblables à ceux en pierre. Leur décoration peut être très riche et varier à l'infini; de plus ils n'offrent pas, en cas d'incendie, un aliment au feu.

Les pl. XVIII, XIX, XX donnent des exemples de ce genre de construction. L'on voit qu'ils peuvent s'employer comme ceux en pierre et en bois, avec cette différence qu'ils offrent plus de légèreté à l'œil. La pl. XXI donne les détails d'exécution des planches précédentes.

# ESCALIERS EN PIERRE.
## ESCALIER A JOUR SOUTENU PAR LA SEULE COUPE DE SES MARCHES
*Avec limons continus. Chaque partie du limon tient à sa marche.*

Fig 1 Plan
2 Elévation
3 Coupe sur la lettre A
B Marche palière
C Marche ou Giron
D Contre marche
E Limon
F Palier de repos
G Détail en perspective de l'assemblage des marches et du limon
H Panneau de coupe
K Autre manière d'assembler le limon
L Panneau de coupe
M Marches sans limon

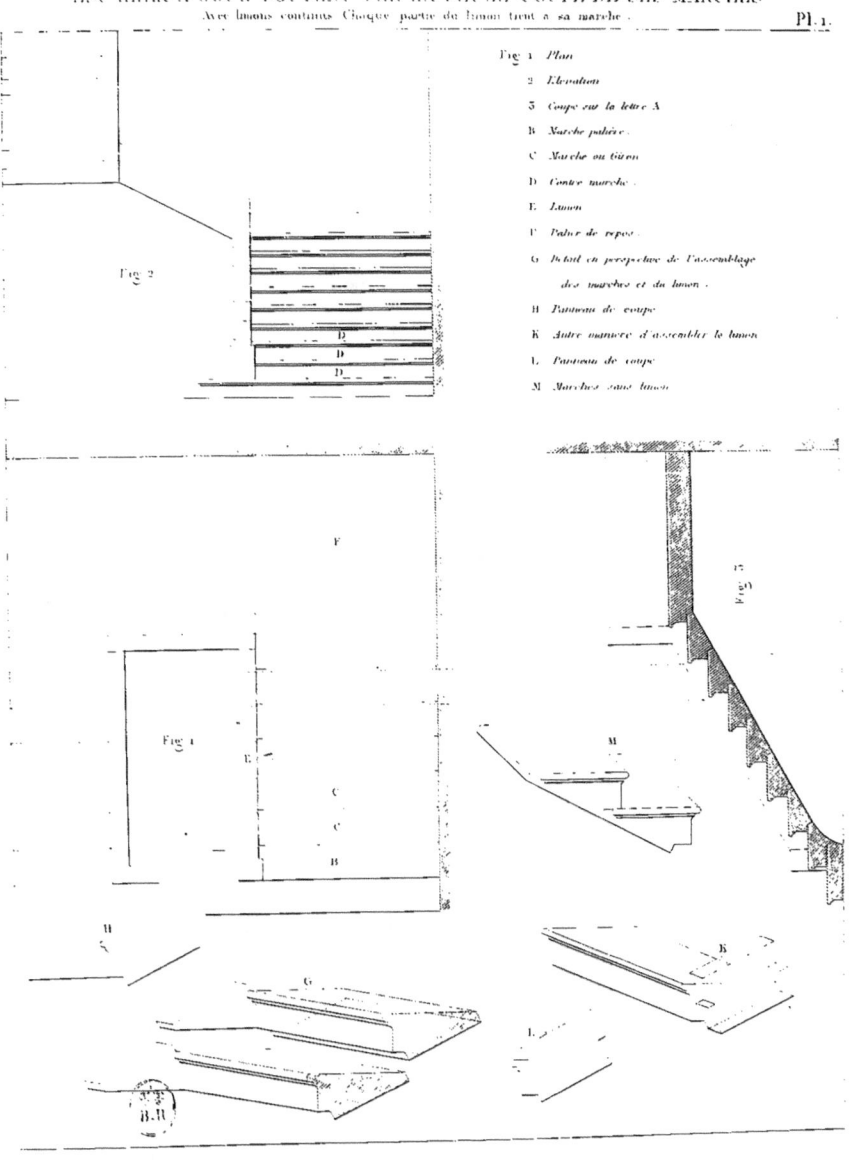

# ESCALIER A JOUR AVEC LIMON TOURNANT.

Les marches sont assemblées d'une part dans le limon et de l'autre scellées dans le mur d'échiffre.

Pl. 2

Fig. 1 Plan.
2 Élévation.
3 Coupe sur la lettre A.
B Détail d'assemblage d'une partie du limon et des marches.
C Partie du limon tournant développée.
D Chevches
E Jour de l'escalier

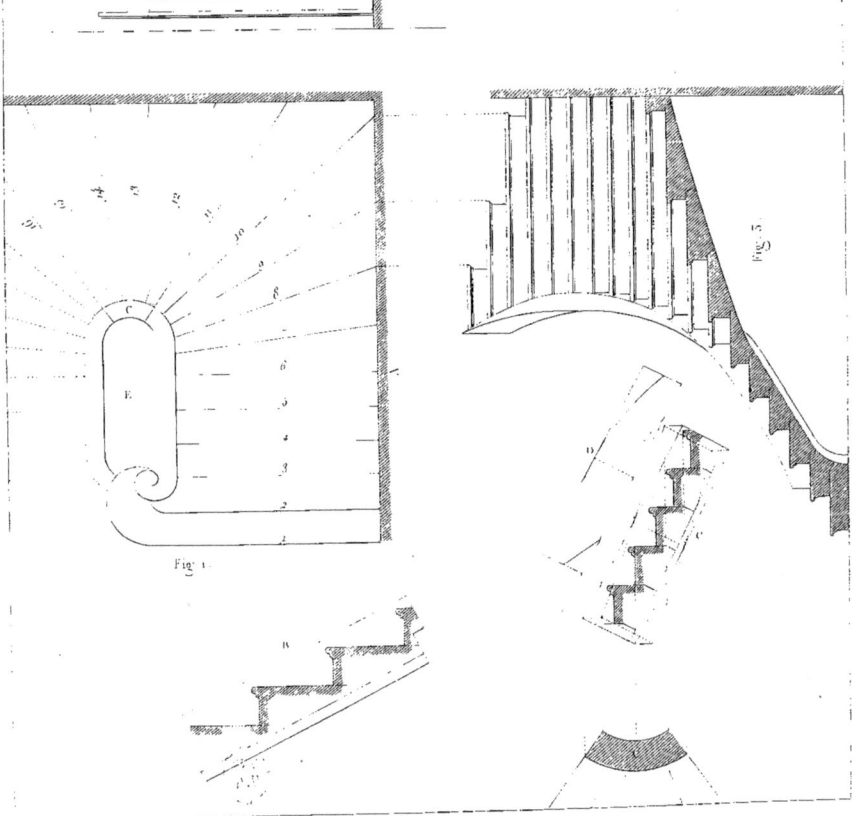

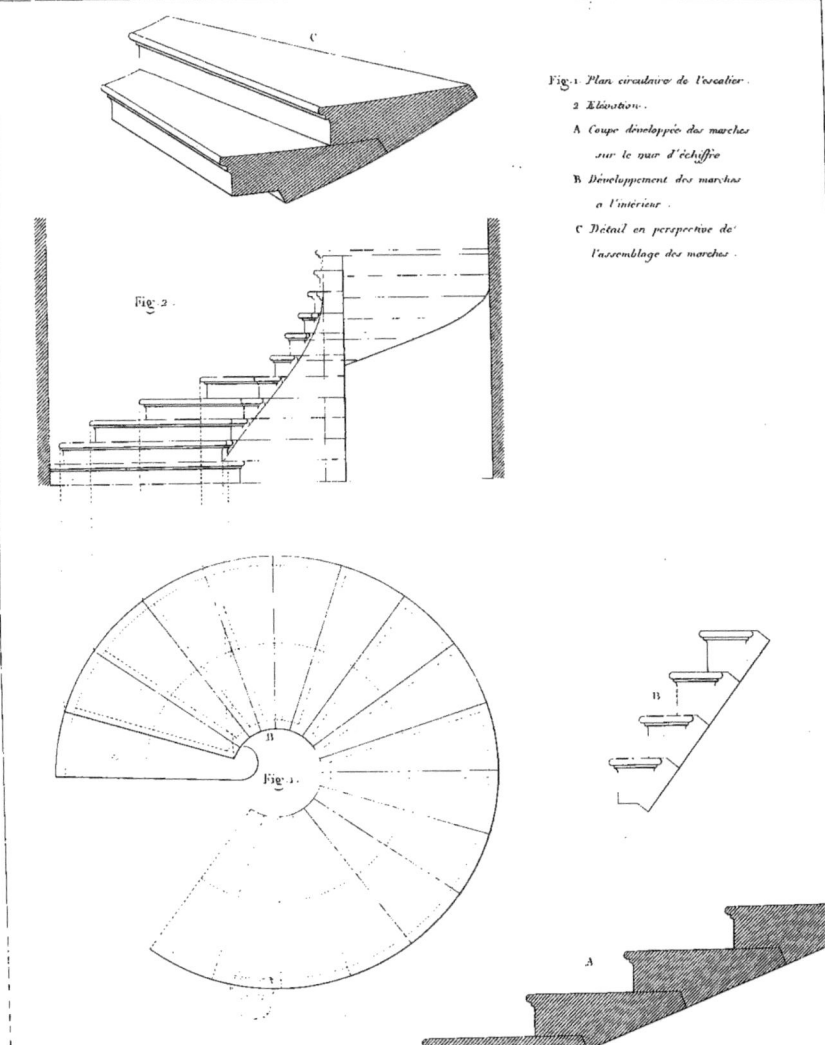

### ESCALIER A VIS A JOUR.
Les marches sont apparentes et sans limon.

Fig. 1 Plan circulaire de l'escalier.
2 Élévation.
A Coupe développée des marches sur le mur d'échiffre.
B Développement des marches à l'intérieur.
C Détail en perspective de l'assemblage des marches.

PLANS DE DIVERS ESCALIERS
de Palais, d'Hôtels et de Maisons bourgeoises.

Pl. 4

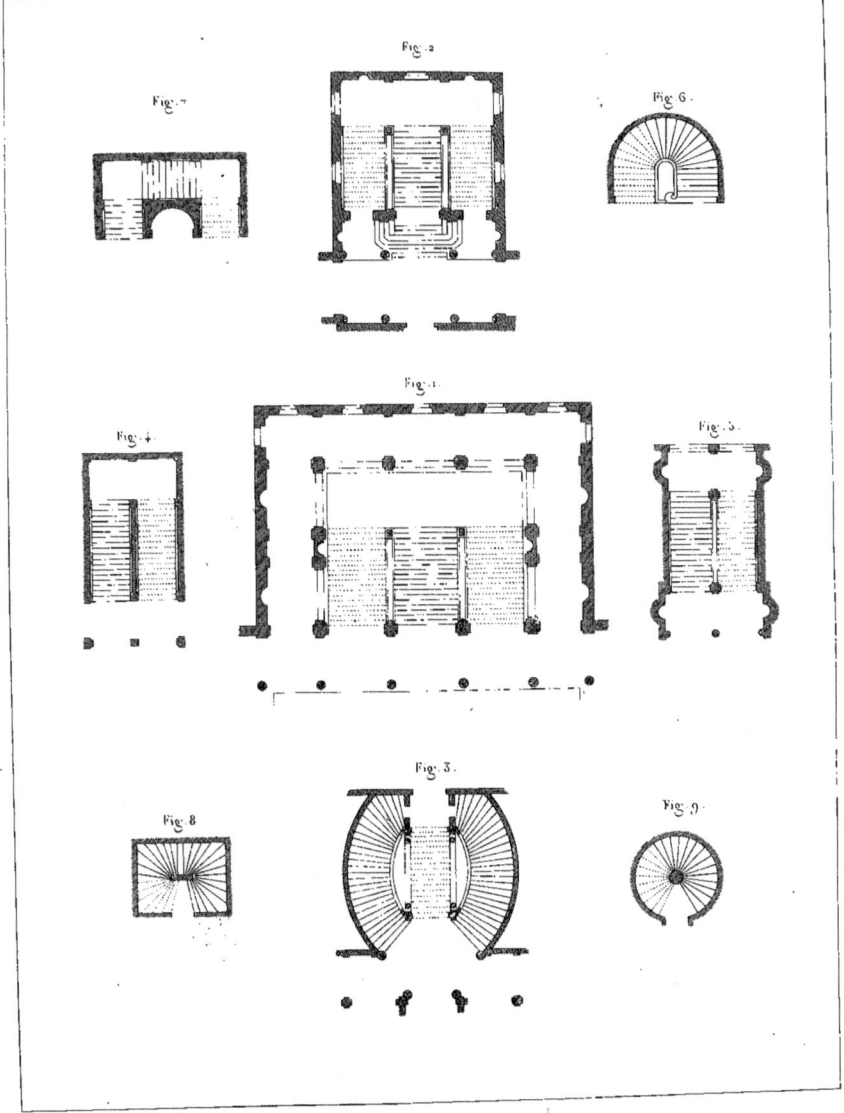

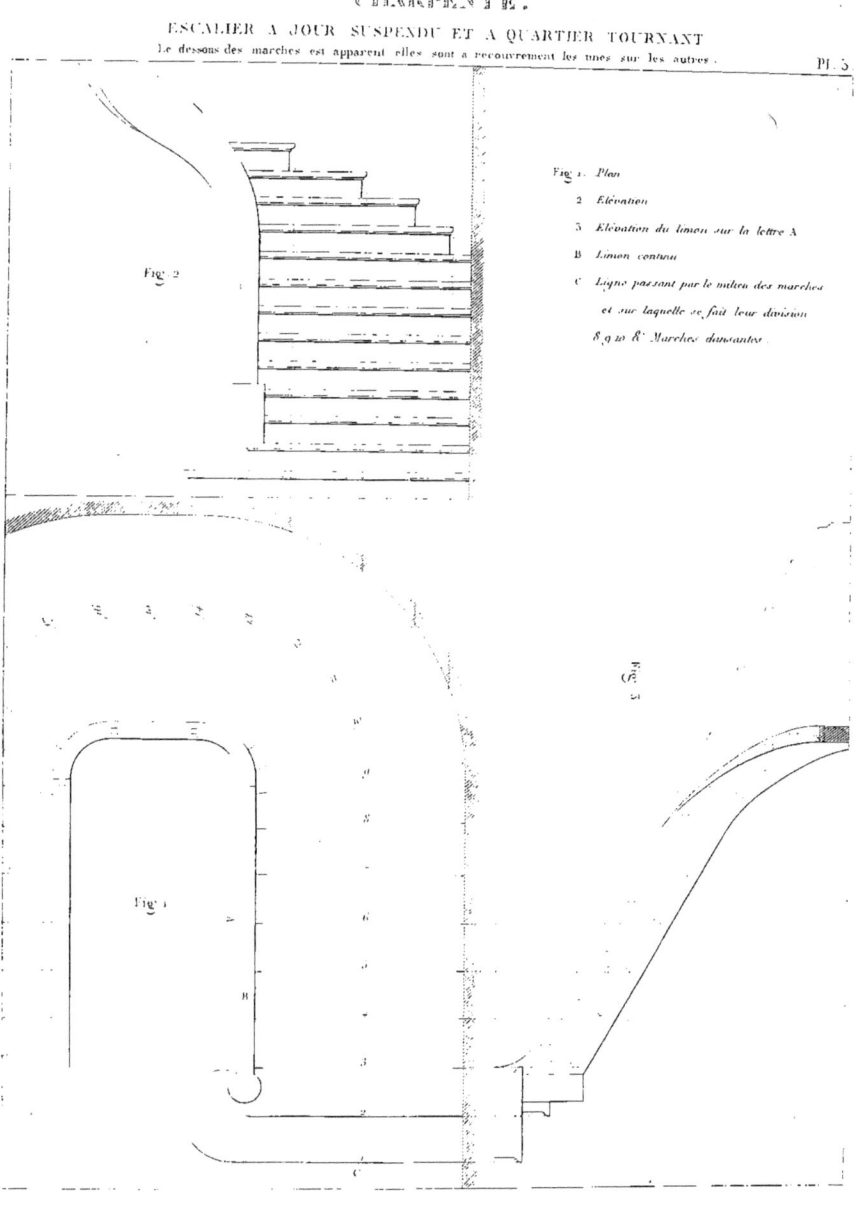

# ESCALIER A NOYAU ÉVIDÉ ET A LIMONS CONTINUS

Les marches sont assemblées par tenons et mortaises et recouvertes en dessous par un ravalement en plâtre sur lattis jointif.     Pl. 6

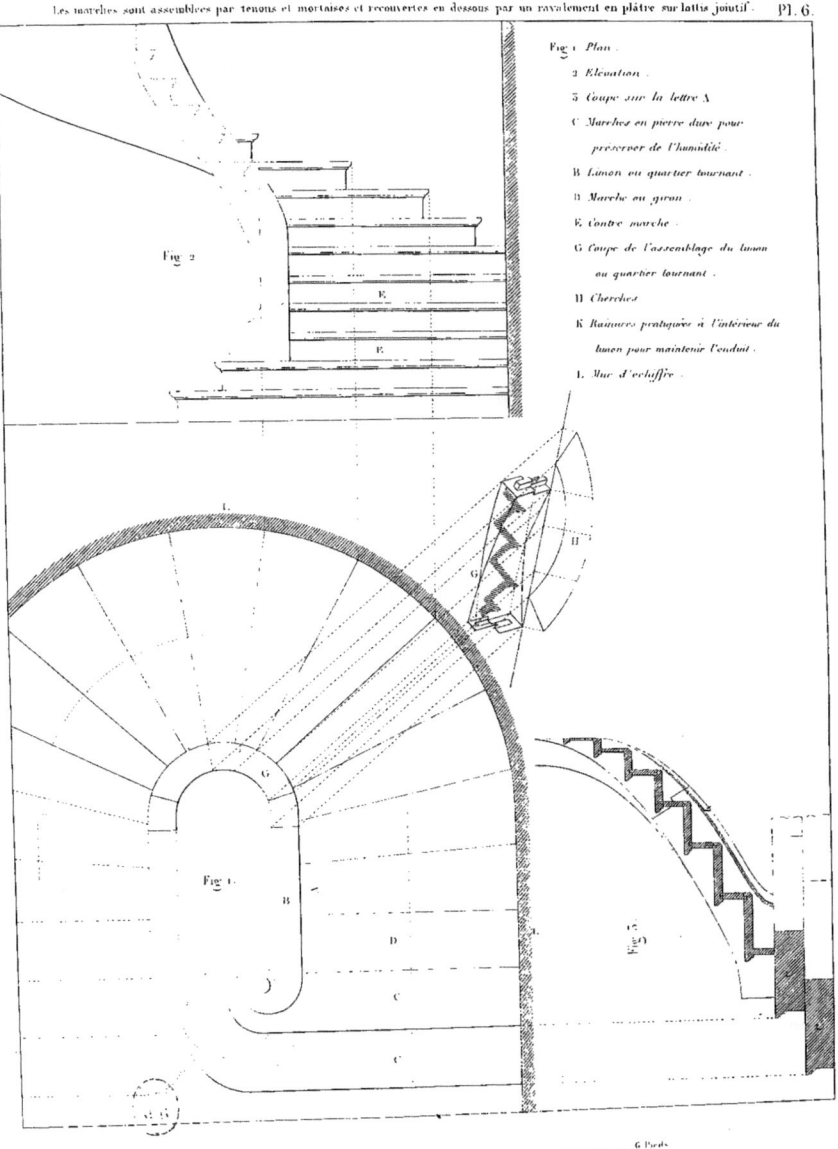

Fig. 1 Plan.
 2 Élévation.
 3 Coupe sur la lettre A.
C Marches en pierre dure pour préserver de l'humidité.
B Limon ou quartier tournant.
D Marche ou giron.
E Contre marche.
G Coupe de l'assemblage du limon ou quartier tournant.
H Cherches.
K Rainures pratiquées à l'intérieur du limon pour maintenir l'enduit.
L Mur d'échiffre.

## ESCALIER A JOUR

Sur un plan ovale Les marches sont apparentes et se soutiennent par leur propre coupe.

Pl.-

Fig. 1 Plan
  2 Élévation
A Marches développées
B Clefs entaillées dans les joints et serrées par des chevilles pour prévenir le relâchement
C Marches en perspective
D Jour de l'escalier

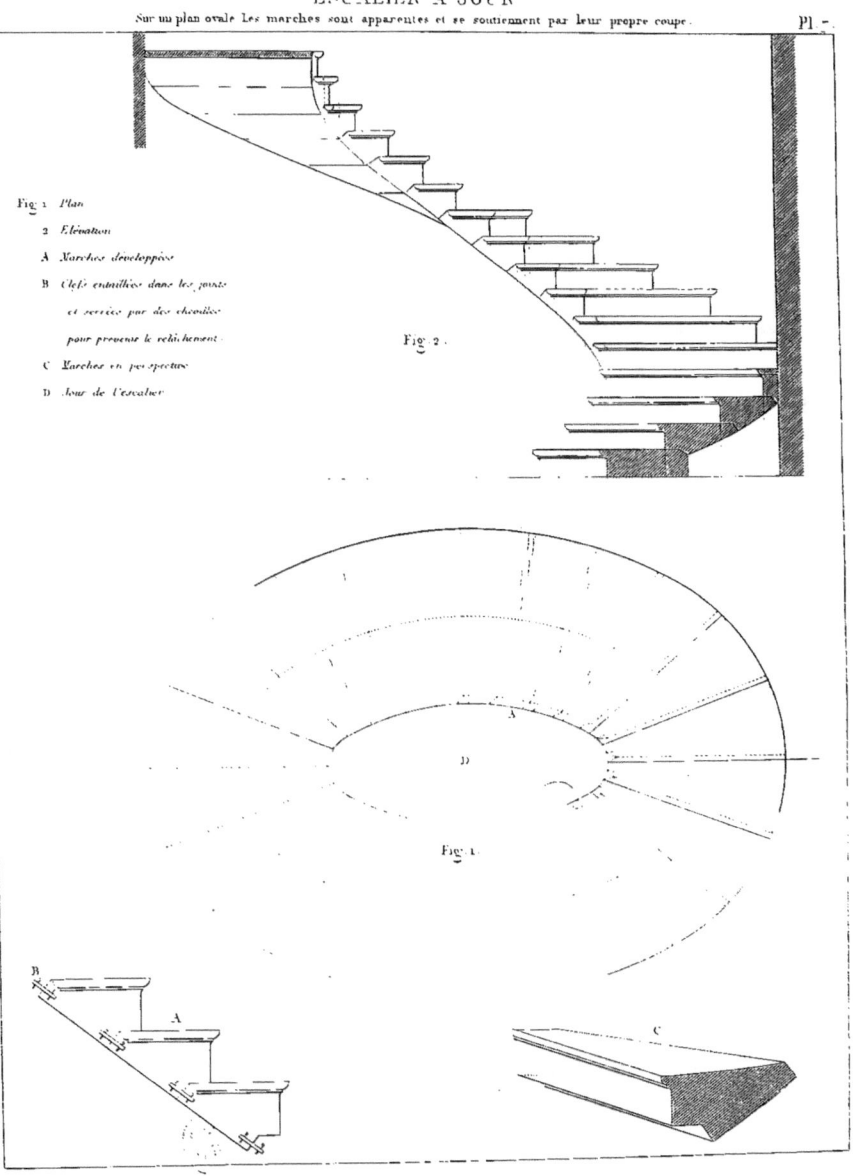

## ESCALIER EN BIAIS.

Les paliers sont soutenus par des colonnes en fonte, les marches sont assemblées par tenons et mortaises et recouvertes en dessous par un ravalement en plâtre.

Pl. 8.

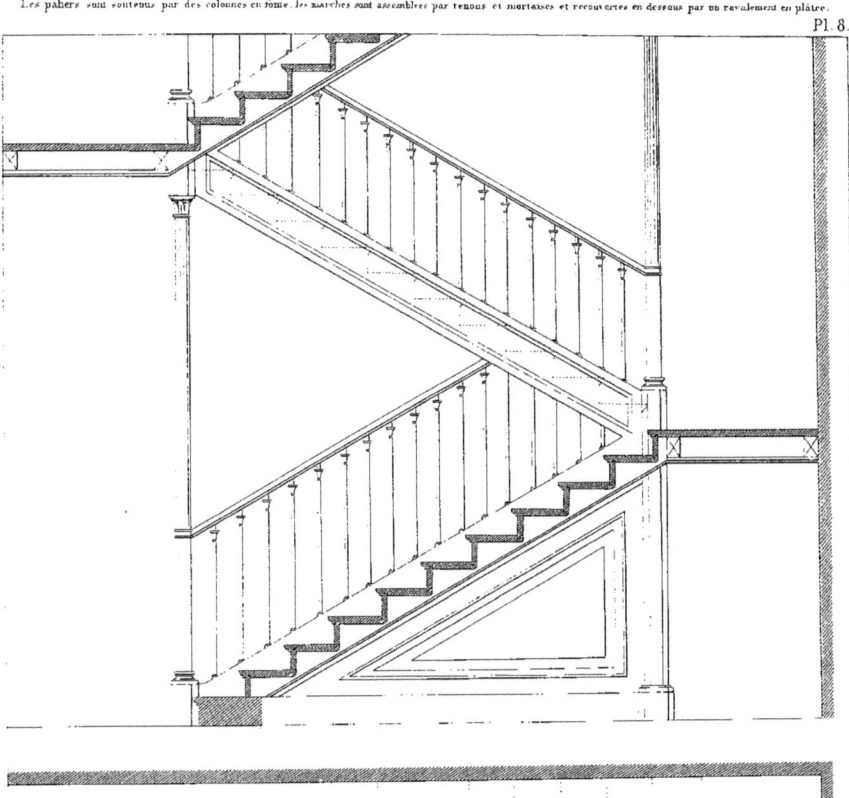

OPÉRATION POUR EFFECTUER LE BALANCEMENT DES MARCHES.

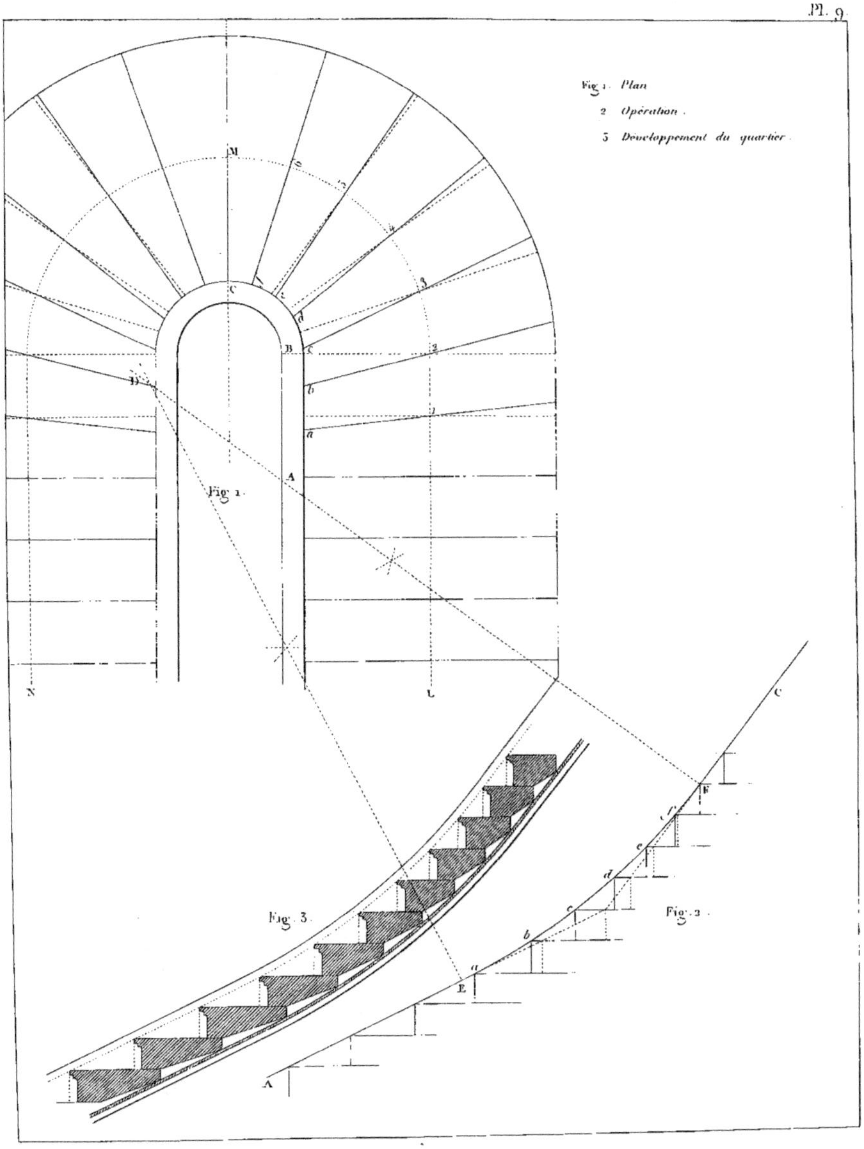

Pl. 9

Fig. 1. Plan
2. Opération.
3. Développement du quartier.

# DÉTAILS DE CONSTRUCTION
pour servir d'explication aux planches précédentes.

Pl. 10.

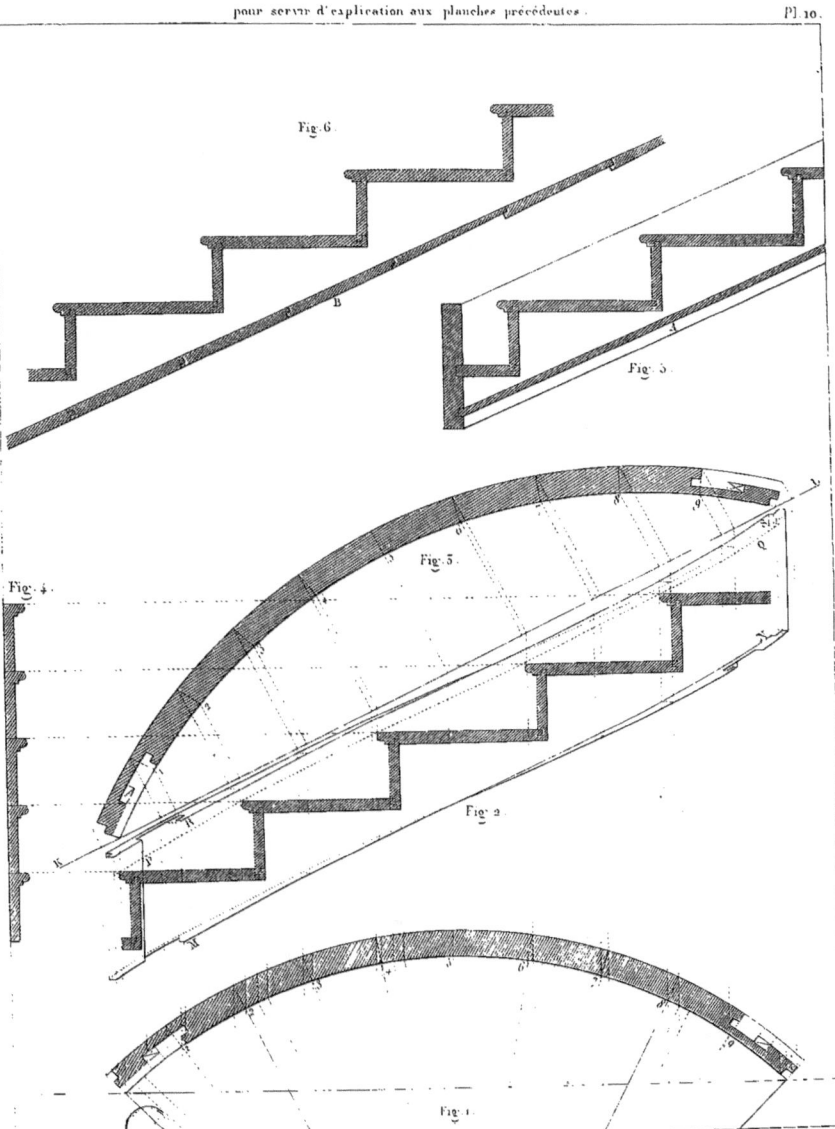

Fig. 1. Plan d'un limon cylindrique. Fig. 2. Élévation du limon et des marches. Fig. 3. Plan de la courbe rallongée du limon. Fig. 5. Plafond en plâtre sur lattes jointif. A rainure dans le limon pour recevoir le plafond. Fig. 6. Assemblage des marches. B Plafond composé de planches qui s'assemblent entre elles dans les limons à rainures et languettes.

Nota. Les Fig. 2 et 3 indiquent la manière de tracer les courbes rallongées pour un limon dont la projection est un cylindre. Voir le texte.

## ESCALIER DE DÉGAGEMENT PLEIN CEINTRE,
avec Noyau et limon à crémaillère, compris dans un espace de 4 P$^{ds}$ 9 P$^{ces}$

Pl. 11.

Fig. 1.
Plan.

Fig. 2.
Élévation géométrale.

Fig. 3.
Profil des marches.

Fig. 4.
Élévation du limon à crémaillère sur la lettre A.

Fig. 5.
Détail au double de l'assemblage de chaque partie des marches.

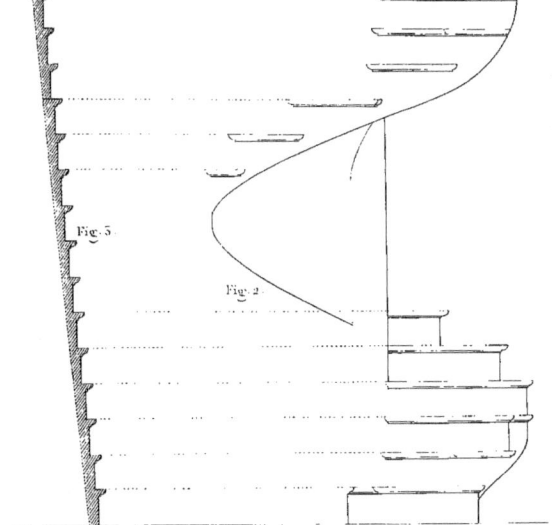

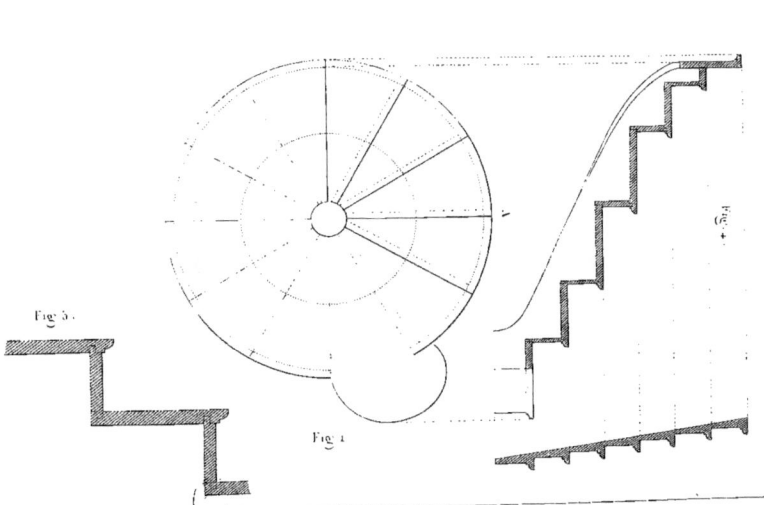

## ESCALIER DE DÉGAGEMENT A NOYAU
### et cage otogone avec limon

Pl. 12.

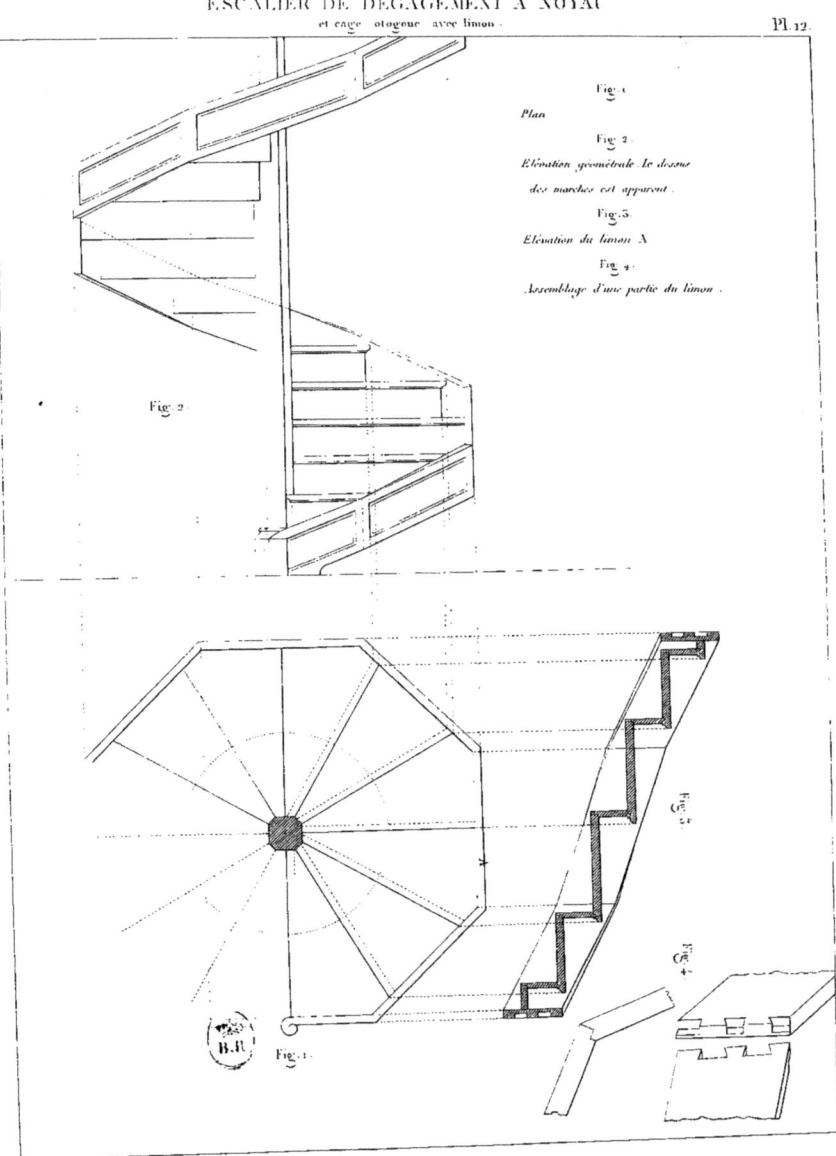

Fig. 1.
Plan

Fig. 2.
Elévation géométrale. Le dessus des marches est apparent.

Fig. 3.
Elévation du limon A.

Fig. 4.
Assemblage d'une partie du limon.

# ESCALIER DE DÉGAGEMENT EN TOUR RONDE.
## Vis à jour et révolution croisée dans sa hauteur.

Pl. 13

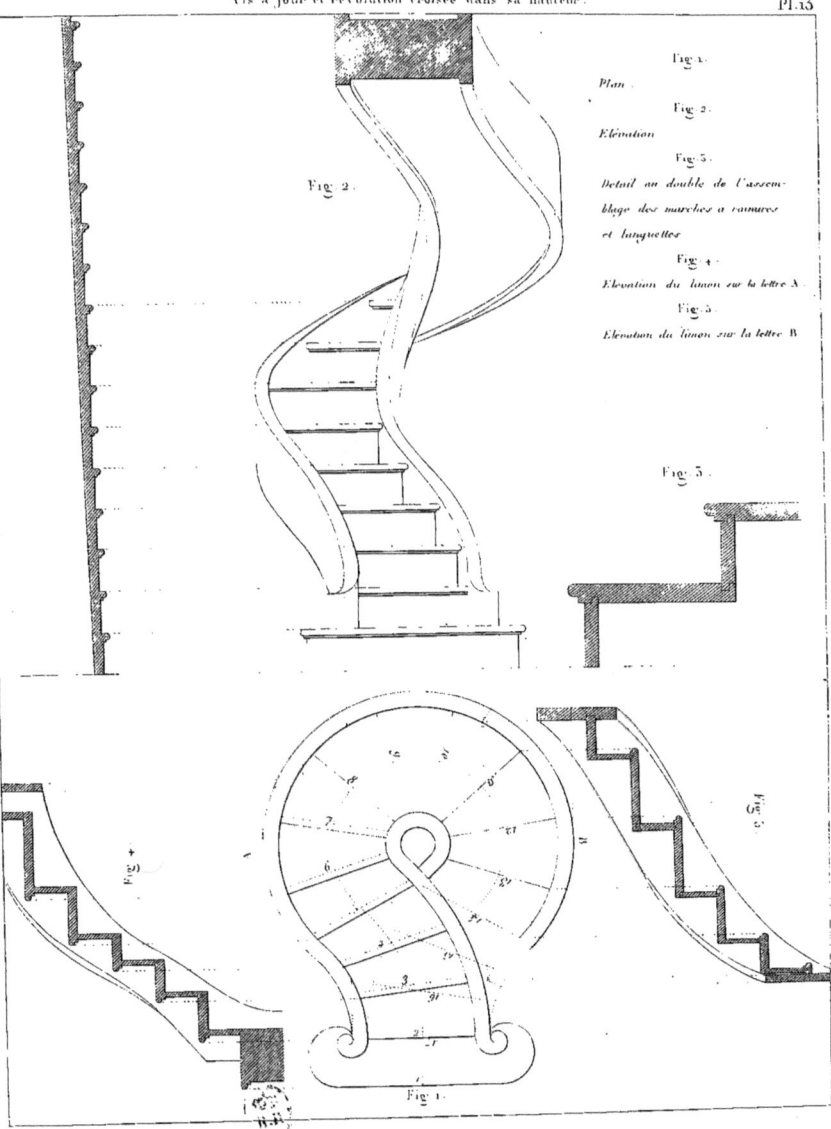

Fig. 1.
Plan.

Fig. 2.
Élévation.

Fig. 3.
Détail au double de l'assemblage des marches à rainures et languettes.

Fig. 4.
Élévation du limon sur la lettre A.

Fig. 5.
Élévation du limon sur la lettre B.

# ESCALIER DE DÉGAGEMENT EN TOUR RONDE.

Avec vis à jour et révolution croisée dans sa partie supérieure. Exécuté à Paris, par Mandar, Architecte.

Pl. 14.

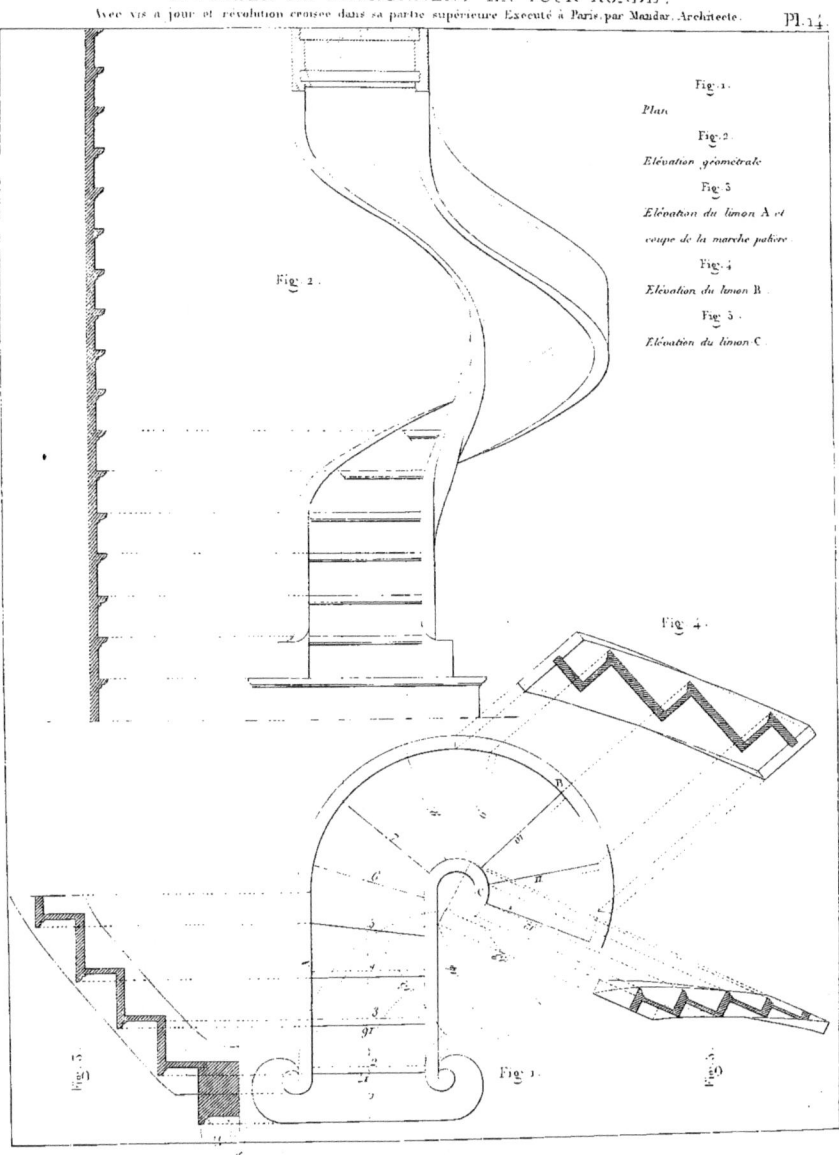

Fig. 1. Plan

Fig. 2. Élévation géométrale

Fig. 3. Élévation du limon A et coupe de la marche palière

Fig. 4. Élévation du limon B

Fig. 5. Élévation du limon C

# ESCALIER EN S.

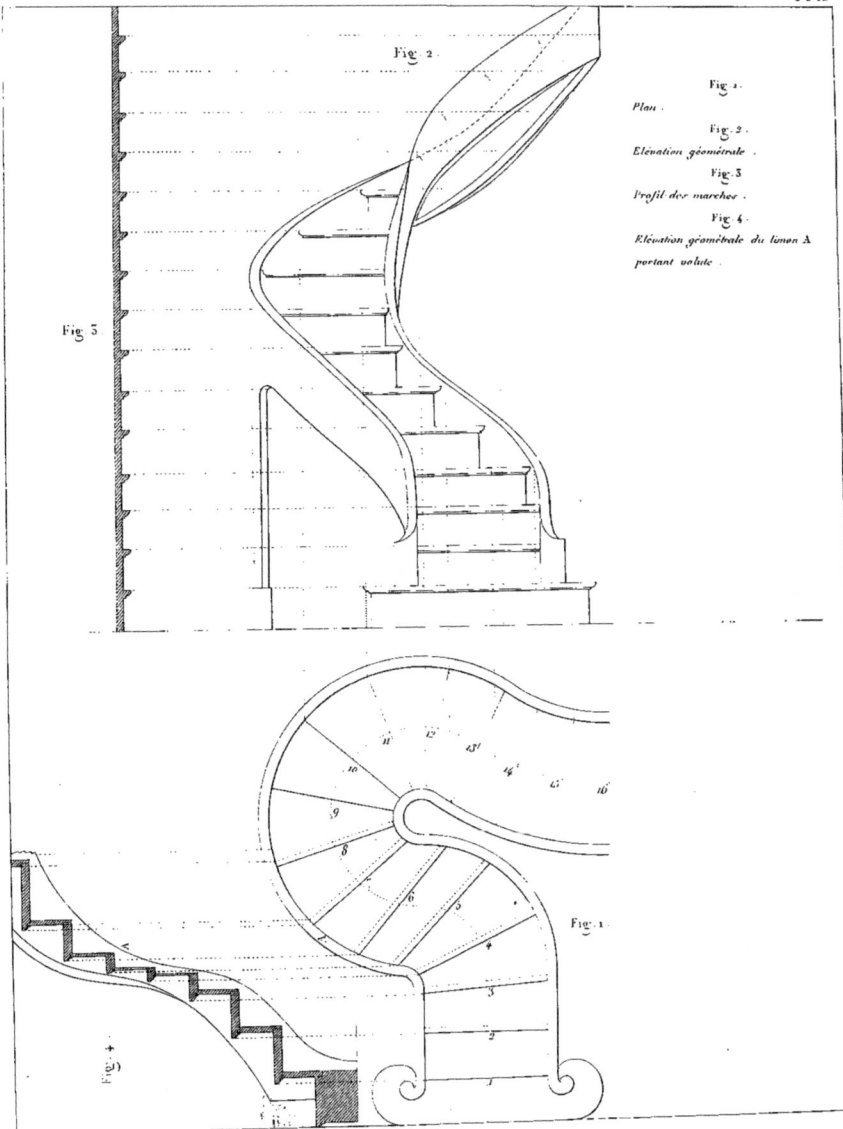

Fig. 1. Plan.
Fig. 2. Élévation géométrale.
Fig. 3. Profil des marches.
Fig. 4. Élévation géométrale du limon A portant volute.

# ESCALIER A L'ANGLAISE.

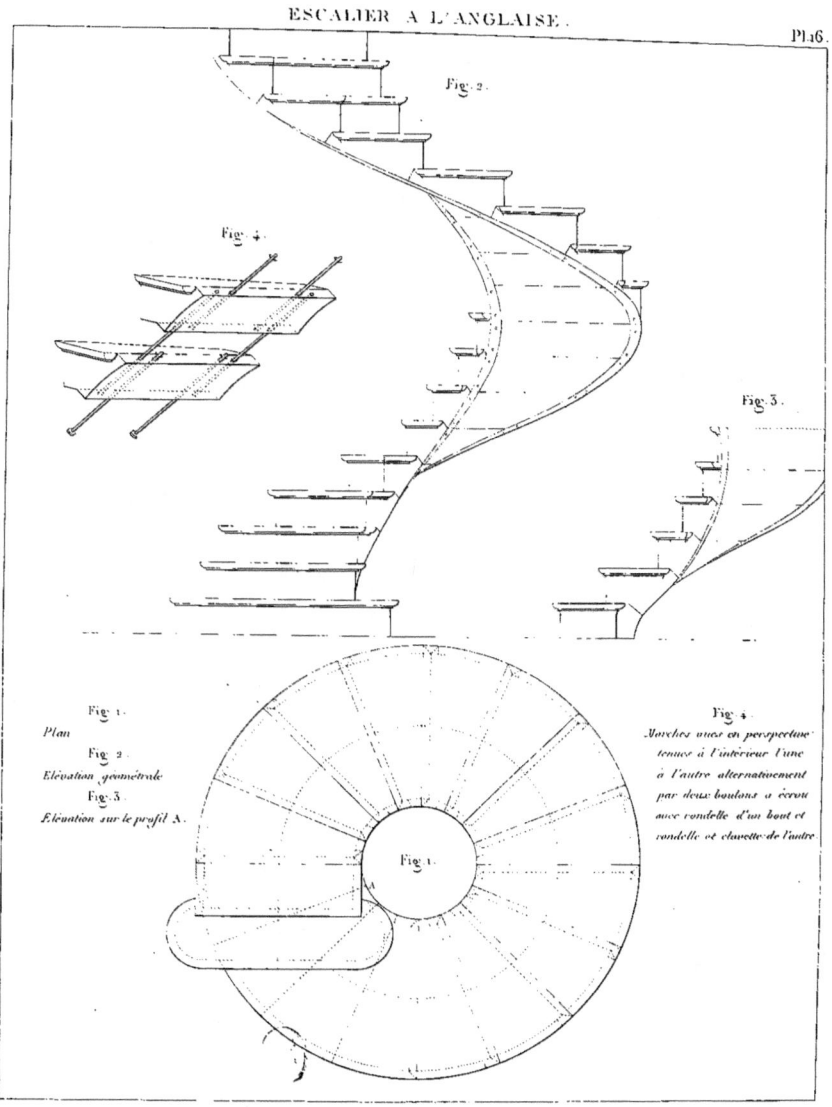

Fig. 1.
Plan
Fig. 2.
Elévation géométrale
Fig. 3.
Elévation sur le profil A.

Fig. 4.
Marches vues en perspective tenues à l'intérieur l'une à l'autre alternativement par deux boulons à écrou avec rondelle d'un bout et rondelle et clavette de l'autre.

## ESCALIER EN BIAIS.

Fig. 2.

Fig. 1. Plan d'un escalier en biais.
A B Noyaux.
Fig. 2. Élévation.

Fig. 1.

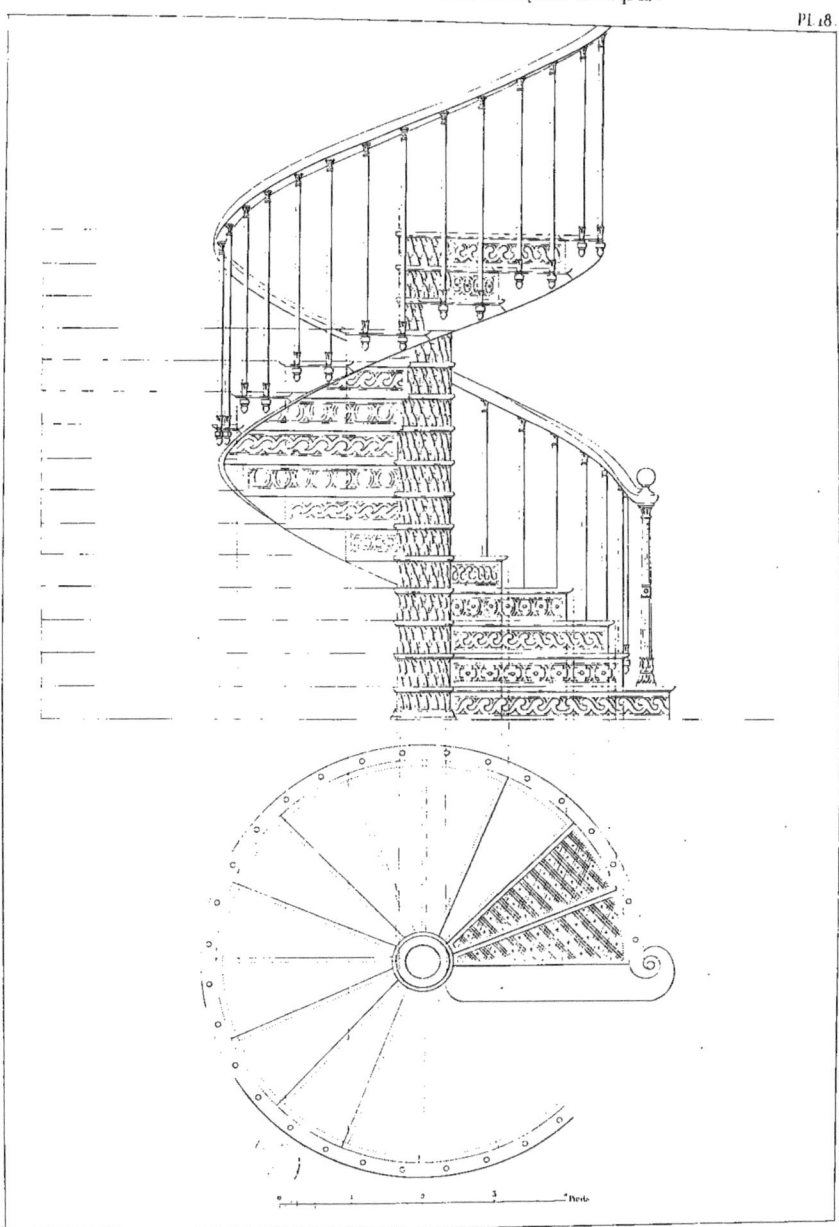
Plan d'un escalier à vis, en fonte, les marches et le noyau ne faisant qu'un.
Pl. 18.

Plan d'un escalier en fonte, à vis et à jour, les marches maintenues les unes sur les autres par des boulons à écrou.

Pl. 19.

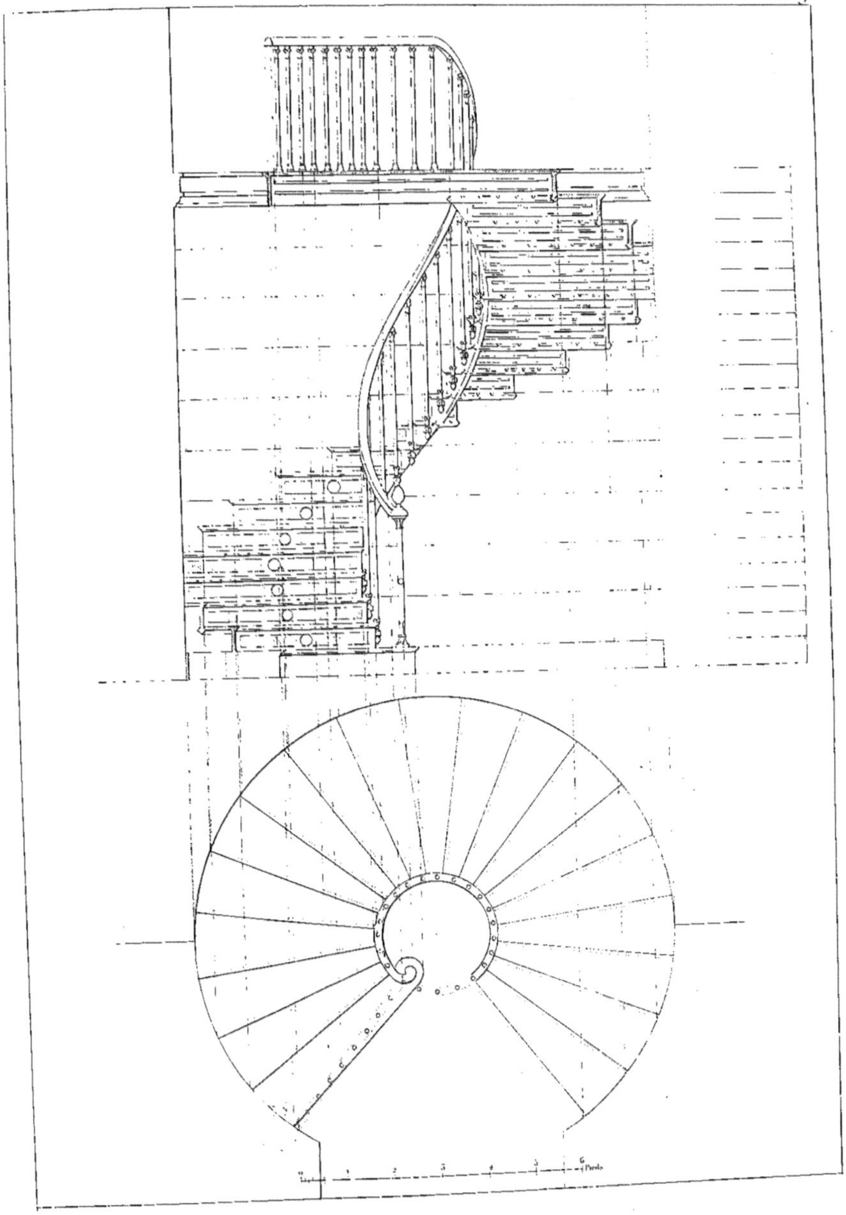

Plan d'un escalier ovale, en fonte, avec les lignes de projection.

Pl. 20

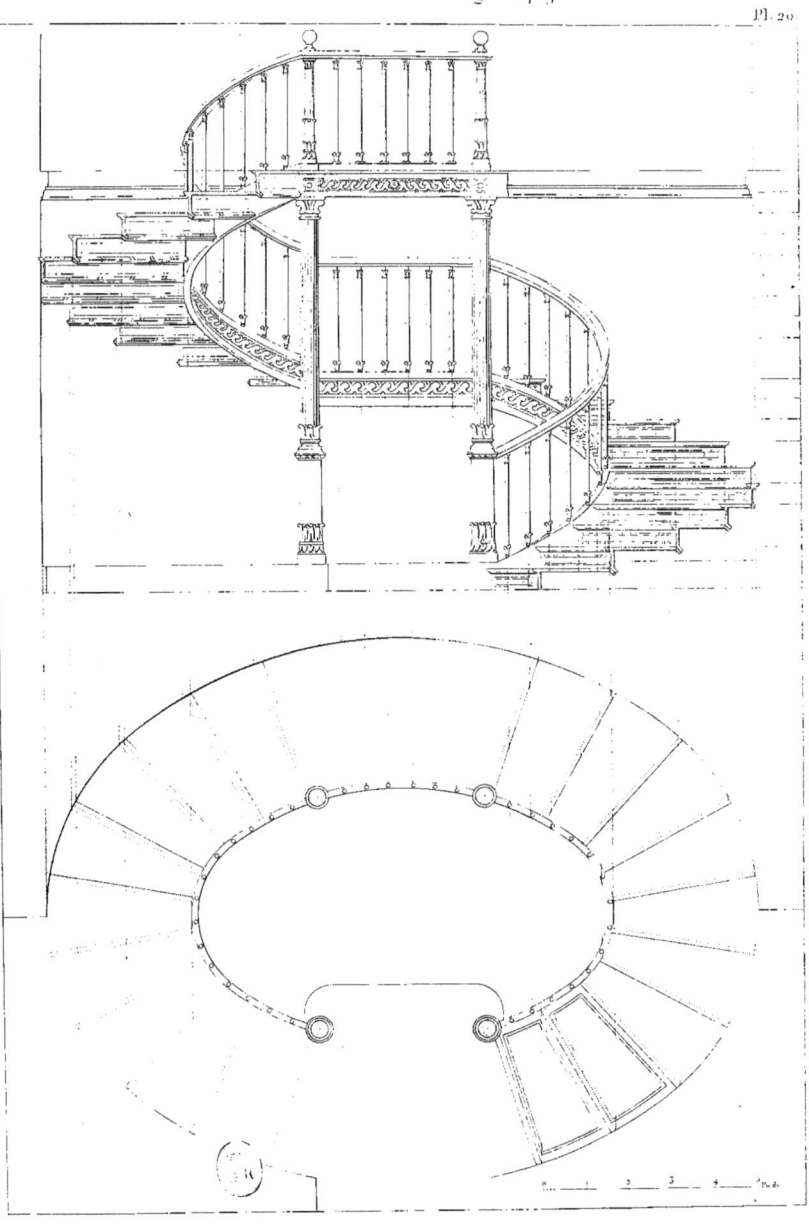

Détails de construction des planches précédentes.

Pl. 21.

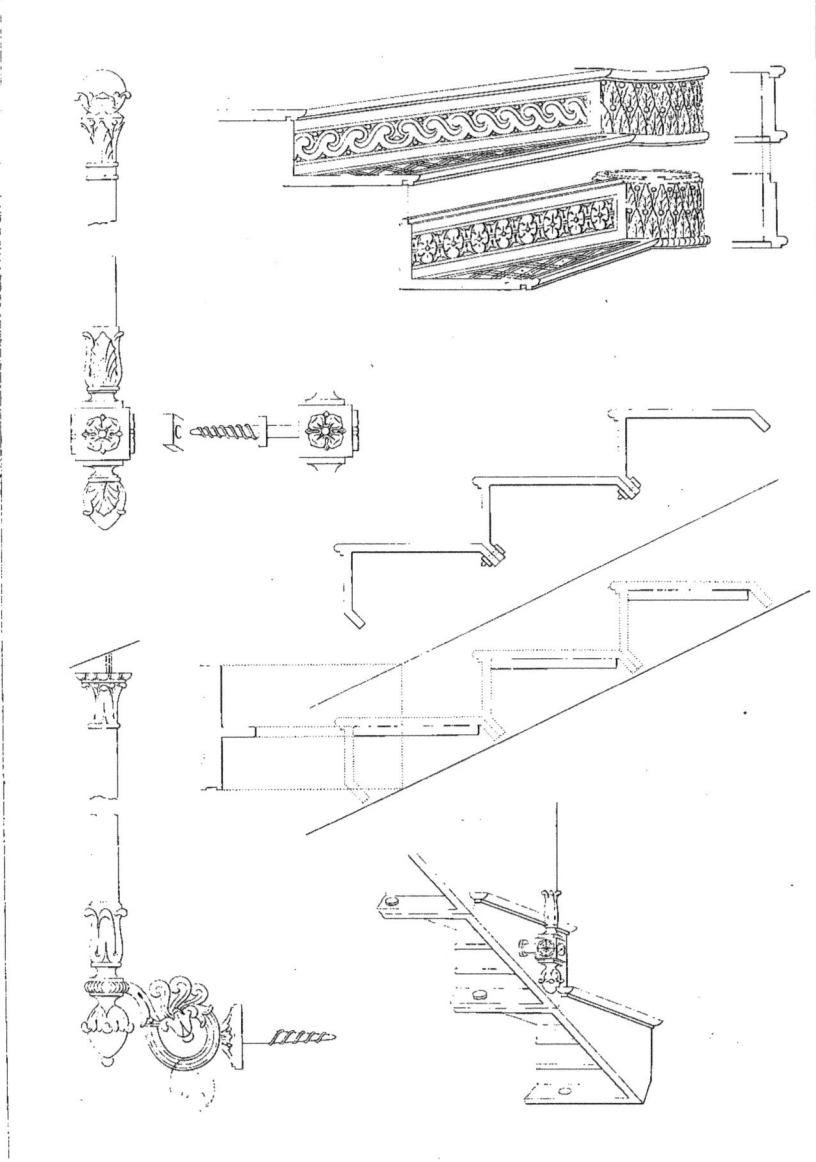

Plan d'un escalier ovale à deux jours avec les lignes de projection qui indiquent la manière d'en tracer l'élévation.

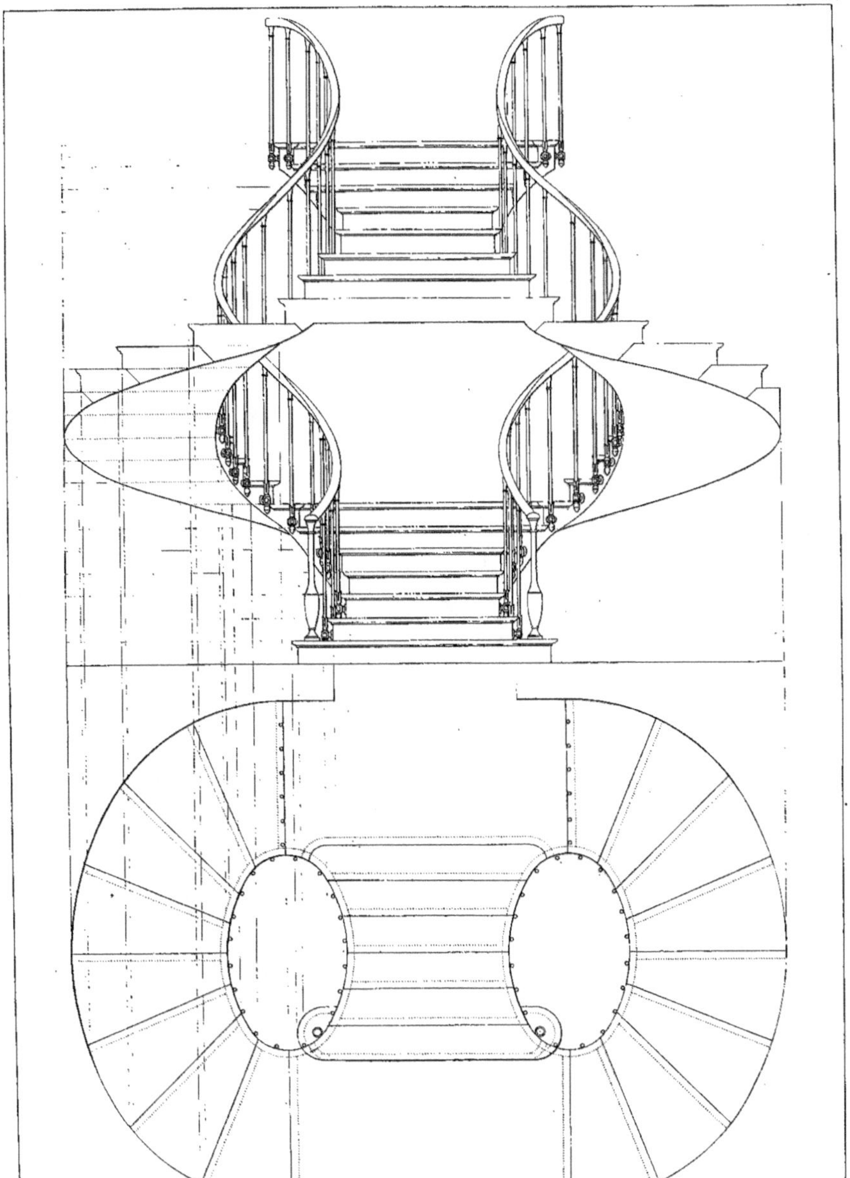

Pl. 52.

Plan d'un escalier en fer, les marches maintenues les unes sur les autres par des boulons à écrou, avec les lignes de projection indiquées.

Pl. 23.

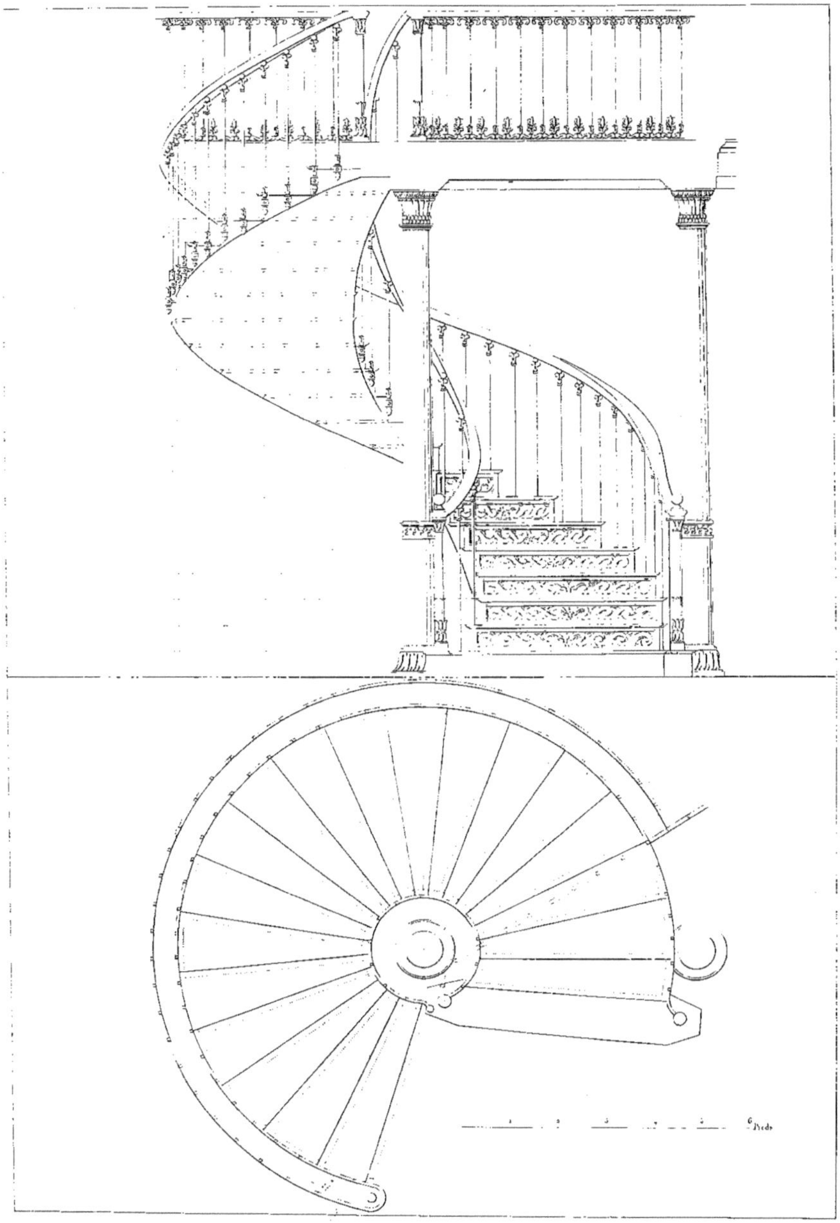

Plan d'un escalier à deux montées, avec les lignes de projection qui indiquent la manière d'en tracer l'élévation.

Pl 24.

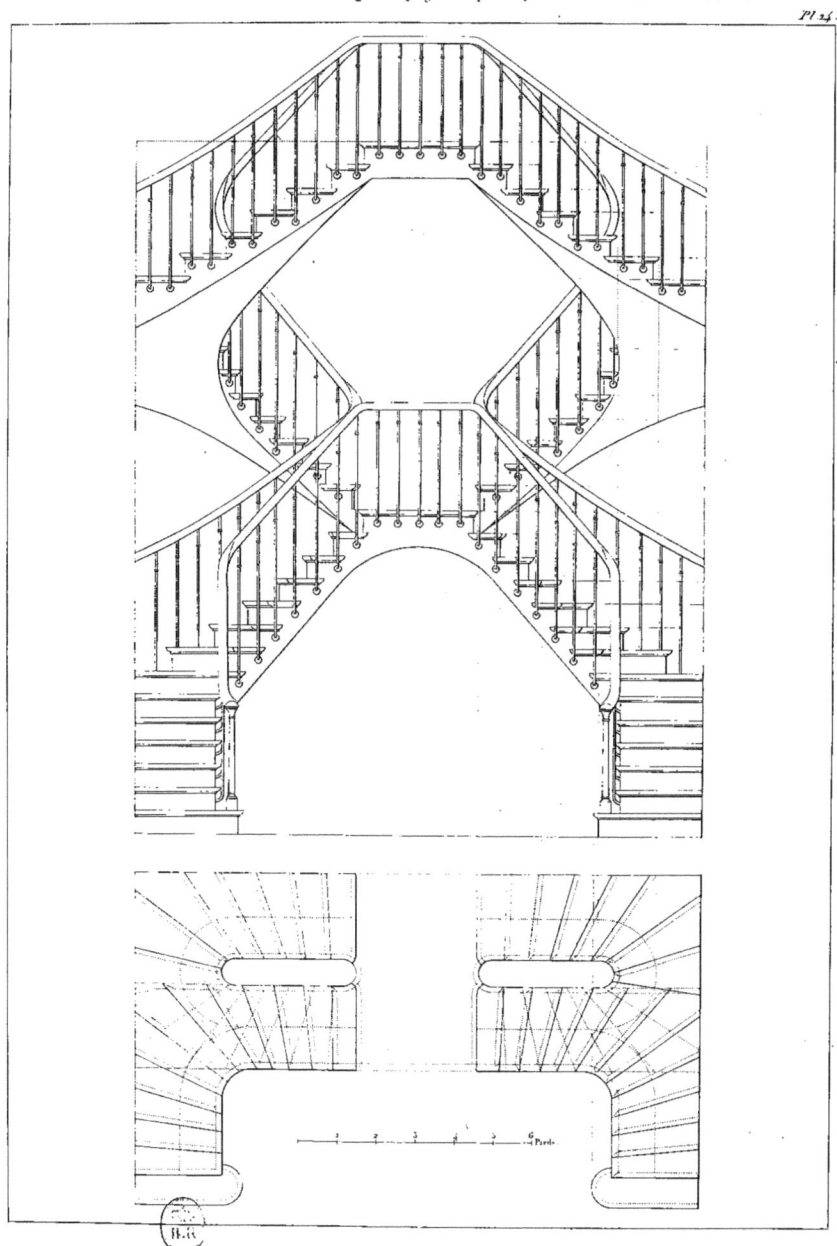

www.ingramcontent.com/pod-product-compliance
Lightning Source LLC
LaVergne TN
LVHW020047090426
835510LV00040B/1450